LIVRETS D'ENCOURAGEMENT

AU TRAVAIL

ET A LA VERTU.

GÉRARD

LE CHARPENTIER.

LILLE.
L. LEFORT, IMPRIMEUR-LIBRAIRE.
PARIS.

<table>
<tr><td>Ad. Leclère et C.ie, imp.-lib.
rue Cassette, 29.</td><td>Isidore Pesnon, libraire,
rue Pavée, 13.</td></tr>
</table>

GÉRARD LE CHARPENTIER.

Il perdit l'équilibre et tomba dans les flots.

GÉRARD

LE CHARPENTIER.

GÉRARD habitait un joli bourg de Picardie. C'était un excellent ouvrier charpentier. Le travail et l'économie lui avaient donné une toute petite aisance ; chacun vantait sa probité, son obligeance, son amabilité ; chacun recourait à lui dans les affaires délicates, car quoique ouvrier, Gérard possédait assez de connaissances pour imposer à ceux qui l'entouraient. C'est qu'il avait beaucoup lu; mais, hélas! ses lectures n'avaient pas toujours été bien choisies : s'il y avait puisé quelqu'instruction, il y avait aussi trouvé un poison funeste, c'est-à-dire des principes irréligieux qui avaient étouffé dans son âme les leçons pieuses, qu'il avait reçues de sa mère.

Gérard se disait donc philosophe, et son plus grand bonheur était de déclamer contre les prêtres, c'était contre eux qu'il dirigeait tous ses sarcasmes, toutes ses attaques. Ils ne lui avaient jamais fait le moindre mal, et cependant il leur avait voué une haine implacable, dont il eût été sans doute fort embarrassé de faire connaître les motifs.

Un jour du printemps qu'il élevait dans la campagne la charpente d'une vaste grange, il fut accosté par un inconnu qui avait quitté la ville voisine pour

venir respirer l'air pur des champs :
c'était un homme dans la force de l'âge,
d'une figure prévenante, et d'une poli-
tesse qui fit plaisir à notre artisan philosophe.

« Mon ami, lui dit l'étranger en l'a-
bordant, vous devez être bien fatigué ? »

GÉRARD.

Que voulez-vous, monsieur, il faut
bien se donner de la peine pour gagner
sa vie. Voyez, mon fils Prosper travaille
avec une ardeur égale à la mienne, car
il sait, le brave garçon, que nous n'avons
pas de temps à perdre.

L'INCONNU.

Cependant l'heure du repos a sonné
pour l'ouvrier ; il est neuf heures du
matin.

GÉRARD.

Nous nous reposerons quand cette
poutre sera placée ; nous travaillons pour
notre compte, mon cher monsieur ; pour

nous, le repos vient quand la besogne est achevée.

PROSPER.

Faites attention, mon père, la poutre chancelle de votre côté.

GÉRARD.

C'est vrai..... tout est dans l'ordre maintenant. Donne quelques coups vigoureux à gauche, et nous pourrons déjeûner ensuite.

PROSPER.

Mon père, c'est fait. Le poids d'une drale n'ébranlerait pas cette poutre.

GÉRARD.

J'en suis enchanté.... Mais je vous oubliais, monsieur. L'ouvrier est toujours impoli au travail. Si vous ne me gardez pas rancune, vous accepterez une part de notre petit déjeûner.

L'INCONNU.

Je ne le puis; seulement je prierai votre fils d'aller chercher une bonne bouteille de vin dans le voisinage , vous avez tant travaillé ce matin , ça vous donnera des forces.

GÉRARD.

Vous êtes bien honnête ; un bon verre de vin ne nous fera pas de mal et j'accepte votre offre avec reconnaissance. »

Prosper reçut une pièce de monnaie et partit comme l'éclair ; il revint bientôt après muni d'un vin généreux, auquel Gérard fit grand honneur. Peu à peu il retomba dans ses idées ordinaires, et il aborda son thème favori, le sujet habituel de ses conversations : il parla des prêtres.

« Je les déteste, s'écria-t-il, et vous avouerez avec moi, mon cher monsieur, qu'il faut être bien niais pour leur ôter le chapeau quand ils passent et leur témoigner mille marques de respect, comme font les dévots.

L'INCONNU.

Permettez-moi de vous demander les

motifs de cette haine qui ne me parait guère raisonnable.

GÉRARD.

Pour mon compte, les prêtres ne m'ont jamais fait de mal ; mais ils sont la cause des malheurs de l'humanité, et je n'en finirais pas si je voulais détailler tous leurs crimes.

L'INCONNU.

Vous avez lu des livres menteurs, écrits par les ennemis de la religion. Vous ne faites que répéter ce qu'ils ont dit.

GÉRARD.

On peut parler d'après eux, se sont des hommes si célèbres qui les ont écrits.

L'INCONNU.

Mon ami, ne nous réglons pas sur le jugement de ceux qui ont intérêt à nous tromper. Au reste je vous prouverai plus tard, car j'espère vous revoir, que tous ces grands hommes dont vous êtes si

fier ne sont pas dignes de votre con-
fiance.

GÉRARD.

Vous aimez donc bien les prêtres pour
prendre ainsi leur défense ! s'il en était
ainsi, nous ne serions pas longtemps amis.

L'INCONNU.

J'aime les prêtres, parce que je les connais parfaitement, et je n'en resterai
pas moins votre ami. Ce qui m'a paru
vous choquer le plus dans le respect
qu'on a pour eux, c'est qu'on se donne
la peine de les saluer quand ils passent ;
cependant si vous réfléchissiez un peu,
vous comprendriez que ce n'est pas
l'homme qu'on salue dans les prêtres, c'est
le ministre de Dieu, revêtu d'un caractère
sacré. Ce n'est donc pas vous humilier que
de saluer un ecclésiastique, c'est rendre
hommage à la religion dans la personne de
ceux qui en sont les dépositaires et les
ministres.

PROSPER.

Oh ! vraiment, vous avez bien raison , monsieur le bourgeois; aussi je vous avoue que je souffre bien quand je vois mon père soulever à regret sa casquette, lorsque le premier M. le curé lui ôte son chapeau. Au résumé je ne partage nullement ses opinions, car je connais un digne et brave ecclésiastique pour lequel tout le monde donnerait sa vie.

GÉRARD.

Tu veux sans doute parler de M. Beaulieu ; tu ne te lasses pas de faire son éloge.

L'INCONNU.

S'il le mérite..... Votre fils agit en brave jeune homme.

PROSPER.

Je vais vous le montrer, mon cher monsieur. Le village dont il est curé depuis longtemps était dans la misère et le désordre avant son arrivée. A peine s'y fut-il établi que tout y prit un aspect riant. Les désordres ont cessé, le travail a été plus actif, et l'union, l'aisance et la gaieté règnent de tous côtés.

M. Beaulieu eut d'abord de grandes difficultés à vaincre, mais il ne se découragea pas. Ses bontés finirent par lui attacher tous les cœurs. C'est maintenant le père de tout le village. Quelques differents s'élèvent-ils, ce qui arrive rarement, on le choisit pour arbitre ; il juge en dernier ressort, et ce serait une honte pour celui qui ne se soumettrait pas à ses décisions équitables. Il faut voir, mon cher monsieur, comme on se précipite sur son passage. Les femmes, les enfants, les jeunes gens, les vieillards, tous l'entourent en poussant des cris de joie, en l'invitant à se reposer dans leur chaumière. Il les aime tant ! Tout ce qu'il possède est à eux, et je suis persuadé qu'il ne laissera pas deux écus à son décès. Au reste il n'aura pas besoin d'argent pour avoir de magnifiques funérailles, tout le pays y assistera. Plaise à Dieu que nous n'apprenions jamais sa mort. En finissant, je vous dirai que notre curé n'est pas moins doux , moins charitable.

GÉRARD.

Il y a des exceptions. Mais cesse de te mêler de notre conversation ; tu n'y entends pas grand'chose : c'est du grec pour toi ; songe plutôt à travailler. •

Prosper se remit à l'ouvrage sans rien dire, et Gérard continua de discuter avec l'inconnu , qui le premier rompit le discours pour ne pas faire perdre un temps précieux au charpentier. Il se retira, au grand regret de ce dernier , mais avec promesse de revenir dans quelques jours.

En retournant chez eux à l'approche de la nuit, Gérard et son fils qui avaient parlé toute la journée de l'inconnu, s'en entretenaient avec chaleur.

« Il m'a l'air d'un bien brave homme, répétait Gérard ; je sens pour lui quelque chose qui ressemble à de l'attachement, mais il aime les prêtres, voilà ce qui me désole. Il est pourtant très-instruit, plus instruit que moi, certes. C'est unique. Ah ! M. Estève, vous croyez me faire changer d'avis, nullement.

PROSPER.

Vous savez donc son nom ?

GÉRARD.

Sans doute : je te l'ai déjà répété deux fois dans la journée.

PROSPER.

Je l'aurai oublié. Quoiqu'il en soit, mon cher père, je suis enchanté de vous voir entre ses mains : Vous n'aurez plus à faire à de simples villageois.

GÉRARD.

Bien, bien ! j'ai tête solide et je ne cède pas facilement.

PROSPER.

Tout cela n'est que mots..... Attendons..... attendons.

GÉRARD.

Jeune homme, apprenez que je resterai ce que je suis. Depuis vingt ans je déteste les prêtres, je les détesterai jusqu'à la mort. Au reste cela ne m'empêchera pas de voir M. Estève ; ses visites ne peuvent que nous honorer ; je désire qu'il les multiplie souvent. »

M. Estève n'était pas moins pressé de revoir le charpentier, dont il avait tout à coup entrepris de changer les dispositions hostiles contre la religion et le clergé en particulier. Il reparut cinq jours après ; il trouva Gérard seul, abattu, travaillant avec la lenteur du découragement. Il en fut tout surpris.

« Qu'avez-vous donc, Gérard, lui dit-il, en lui serrant affectueusement la main ? »

GÉRARD.

Je suis un homme perdu..... Je me suis engagé à établir cette grange pour un prix déterminé ; j'ai mal fait mes calculs, et je perdrai énormément dans cette entreprise, car le propriétaire ne veut pas entendre parler d'augmentation de prix. Pour comble de malheur, je comptais sur le paiement d'un mémoire pour solder un billet de cent francs qui échoit demain, et je n'ai rien reçu. Je me vois donc dans l'impossibilité de faire honneur à ma signature ! quelle infortune ! Dans quelques jours on ne dira plus dans le bourg en parlant d'un débiteur : » Il est honnête et solvable comme le père Gérard. » Comment voulez-vous que je travaille avec ardeur ? J'entrevois ma ruine..... mon fils court depuis le matin pour ramasser quelqu'argent, il n'en trouvera pas, car mes amis sont pauvres.

M. ESTÈVE.

Vous vous découragez pour bien peu de chose, mon brave homme. Donnez-moi l'adresse du propriétaire de cette grange, et j'irai le trouver.

GÉRARD.

Vous n'obtiendrez rien. C'est un honnête homme, mais il ne s'écarterait pas pour tout au monde de ses engagements, qu'ils soient en sa faveur ou non.

M. ESTÈVE.

C'est ce que nous verrons. »

Gérard donna l'adresse, et son obligeant visiteur s'éloigna. Il ne revint que deux heures après, mais triomphant, apportant au charpentier une promesse écrite du propriétaire qui s'engageait à payer sans difficulté la note des frais de construction.

Gérard et son fils, qui était de retour,

tombèrent dans un étonnement d'où purent les tirer seulement ces paroles de M. Estève :

« Prosper a-t-il réuni une somme suffi-sante pour remplir l'effet de cent francs ? »

GÉRARD.

Avec bien de la peine il a ramassé trente francs.

M. ESTÈVE.

Je me charge de vous trouver le reste. Demain, au lever de l'aurore, on vous portera soixante-dix francs. »

Gérard et Prosper pleuraient de joie ; ils ne savaient comment témoigner leur reconnaissance. Pour s'y soustraire, M. Estève, qui un instant avait joui du bon-heur du père et du fils, prétexta quel-ques affaires importantes qui le rappe-laient à la ville, et il se retira, la gaieté dans le cœur, car il avait fait le bien.

Le lendemain un inconnu remettait à

2

Gérard soixante-dix francs, et le billet fut acquitté.

A partir de ce jour, les affaires du charpentier allèrent de mieux en mieux, l'ouvrage lui venait de tous côtés. Il devint maître enfin, il prit des ouvriers, ce qui augmenta beaucoup sa réputation d'homme habile et respectable.

J'ai, disait-il à son fils, quelque bon génie qui veille sur moi et veut absolument me rendre heureux. D'où me viennent toutes ces nouvelles pratiques ? Je vais travailler jusqu'aux portes de la ville.

PROSPER.

Je soupçonne que M. Estève est pour quelque chose dans tout cela.

GÉRARD.

Mais il ne connaît certainement pas toutes les personnes qui me font travailler.

PROSPER.

C'est un homme si bon pour nous !

Il use d'adresse pour nous combler de biens.

GÉRARD.

C'est vrai. Je lui dois l'honneur. Sans lui que serais-je devenu ? Plus je le vois, plus je l'aime.

PROSPER.

Et plus vous devenez traitable avec les prêtres dont il vous a cité de si beaux exemples de dévouement. Que de choses touchantes il nous a fait connaître ! Que je suis heureux de l'entendre ! Et vous mon père ?

GERARD.

Il me rendrait immobile pendant six heures quand il parle, quoique je ne partage pas son opinion.

PROSPER.

Vous n'en êtes pas très-éloigné, et plus d'une fois vos larmes furtives ont trahi les sentiments de votre cœur. Chez vous, l'esprit seul est rebelle maintenant, a dit

M. Estève et je suis de son avis. L'amour-
propre vous empêche de céder trop vite ;
pardonnez-moi , si je vous parle ainsi.

GÉRARD.

En vérité tu ne te gênes pas. Il fut
un temps où je ne t'aurais pas permis
d'être si libre , quand il s'agit de mes
principes sur le clergé. Si je tolère au-
jourd'hui tes discours , c'est que ton intelligence est formée , et qu'il t'est
permis d'avoir une opinion et de la dé-
fendre. Mais occupons-nous d'autre chose.
Demain , tu iras visiter le moulin de
M. Fournier. Il y a quelques pièces de
bois à changer , et il paraît que les roues
ne tournent plus qu'avec peine.

PROSPER.

J'irai , mon père , et vous rendrai bon
compte de ma mission. ?

Le jeune homme s'empressa le lendemain d'exécuter l'ordre de son père , et
il se rendit au moulin que faisait aller

une rivière large et puissante. Sachant
que M. Estève devait venir voir sa famille dans le courant de l'après-midi ,
il mit beaucoup d'empressement à visiter
le moulin et à consolider quelques solives
en attendant les travaux. Il était deux
heures et il lui restait à examiner les
roues. Craignant de ne pas arriver à
temps chez lui, il mit une précipitation
extrême dans ce dernier examen , son
pied droit, placé trop hardiment sur une
pièce de bois peu solide, glissa soudain ;
il perdit l'équilibre , poussa un cri de
détresse et tomba dans les flots. Les roues
étaient arrêtées, il ne fut pas broyé,
mais on le vit emporté par le courant
avec une extrême rapidité. Il faisait des
efforts inouis pour gagner la rive , mais
la violence des eaux l'en repoussait toujours. Une foule immense de villageois
s'assembla en un instant, mais elle était
impuissante. Cependant deux hommes

dévoués se jetèrent à l'eau , mais sans pouvoir atteindre l'infortuné qui se noyait. Ils regagnèrent la rive presque mourants. Prosper eût été promptement secouru , si les trois barques du meunier ne se fussent pas trouvées attachées de l'autre côté du moulin. Tandis que plusieurs villageois s'exténuaient pour les trainer par terre , afin de les jeter à l'eau du côté où était tombé Prosper , ce malheureux s'épuisait , il périssait. Bientôt on ne l'aperçut plus. La foule poussa un cri de terreur ; il fut entendu d'une personne qui passait non loin de là ; elle accourut , et sans attendre de bien longues explications , elle se précipita dans la rivière et se dirigea vers Prosper , aidant encore à la force du courant par la force de ses bras. Elle disparut aussi aux yeux de la foule au bout de quelques minutes , et il fut impossible de la suivre sur la rive qui était bordée de propriétés particulières.

« Ce généreux inconnu n'en reviendra pas. Quel malheur ! Montrer tant de dévouement et périr aussi ! »

Ainsi parlait la foule attristée , tandis que les jeunes gens s'en allaient au delà des propriétés particulières à la recherche des corps des deux victimes dont la mort paraissait inévitable.

Précédons-les et apprenons le sort de Prosper.

Cet infortuné jeune homme, après avoir lutté contre le courant , tant que ses forces le lui permirent , eut le bonheur de rencontrer sur sa route une immense branche d'arbre, que l'orage avait presque entièrement brisée et dont les rameaux s'étendaient çà et là sur les eaux. Il s'attacha mourant à la branche salutaire et là il resta suspendu , suppliant le ciel de lui envoyer du secours, car faible comme il était , il craignait que ses mains défaillantes n'abandonnassent ce qu'elles avaient saisi avec tant d'empressement. Ne voyant personne sur les deux rives, il perdit tout espoir ; des larmes remplirent ses yeux , il courba tristement la tête et il disparut dans les eaux , en prononçant tristement le nom de son père et de sa mère et en se recommandant à Dieu.

Au même instant, le nageur intrépide qui s'était jeté dans la rivière , poussa un cri, plongea et reparut avec Prosper. Aidé par les branches de l'arbre brisé , il gagna le rivage sur lequel il déposa celui qu'il venait de sauver. Le fils de Gérard respirait encore ; les soins empressés de son libérateur lui rendirent peu à peu tous les sens. Jugez de sa surprise, de son bonheur, de sa joie, lorsqu'en ouvrant les yeux , il reconnut M. Estève !

« C'est vous qui m'avez sauvé, s'écria-t-il ! Vous notre bienfaiteur ! notre ami, mon ange tutélaire ! »

Des larmes inondèrent les joues du jeune homme. M. Estève serra Prosper contre son cœur et lui dit : « Oui , votre ami a eu le bonheur de vous sauver. Il veut, à partir de ce jour, être votre second père. »

L'arrivée de plusieurs villageois arrêtèrent les doux épanchements de Prosper et de son libérateur. Autour d'eux s'élevaient des cris d'allégresse qui ténroignaient du bonheur que chacun ressentait de les retrouver vivants. Revenus au moulin ils furent accueillis avec enthousiasme , et M. Estève surtout fut l'objet de l'attention et des bénédictions de la foule. Pour s'y soustraire , cet homme généreux prit la voiture du meunier, y fit placer commodément Prosper sur un matelas et partit pour le bourg qu'habitait Gérard.

Ce dernier avait bientôt appris le malheur arrivé à son fils qu'on disait noyé ;

à cette nouvelle, il s'était mis en route avec **deux** de ses amis. Il avait parcouru la moitié du chemin lorsqu'il fut arrêté par le conducteur de la carriole : « Où allez-vous si précipitamment, lui dit-on.

— Hélas ! à la recherche de mon pauvre enfant.

— C'est inutile, je vous l'amène dans cette voiture. Montez et nous retournerons ensemble au village. »

Prosper se montra, et Gérard poussant un cri de joie, s'élança dans la carriole pour serrer son enfant contre son cœur.

« Et l'homme généreux qui s'est dévoué pour lui est-il sauvé, reprit le charpentier ?

PROSPER.

O mon père, votre cœur ne vous a pas dit que mon sauveur est là. Sans lui j'étais perdu à jamais ! »

Gérard prit les mains de M. Estève, et les couvrit de larmes et de baisers.

« Bienfaiteur de ma famille, s'écria-t-il, pourrous-nous jamais payer tant de dévouement !

— Ce que j'ai fait est bien simple, répondit M. Estève. Je me dirigeais vers votre bourg, lorsque j'entendis les cris de détresse d'une foule de villageois et de villageoises assemblés sur le bord de la rivière. J'accourus vers eux, j'appris qu'un jeune homme, que mon cher Prosper allait périr faute de secours, et, obéissant à mon devoir, à mon cœur, je me précipitai dans les flots. J'ai eu, je l'avoue, beaucoup de mal pour arriver jusqu'à lui, mais qu'est cela en comparaison de la joie que son salut m'a fait éprouvé ? Croyez-moi, Gérard, je suis suffisamment récompensé. C'est Dieu seul qu'il faut bénir et remercier du retour de votre enfant ; aussi votre excellente femme ne manquera pas de faire dire plus d'une messe d'actions de grâce.

GÉRARD.

Et je jure d'y assister et d'y prier de tout mon cœur.

M. ESTÈVE.

Ces paroles me causent une joie bien douce. Je serais tout-à-fait content de vous, si vous me promettiez de cesser de déclamer contre les prêtres dans vos conversations avec vos amis.

GÉRARD.

Je vous le promettrais de bon cœur ; mais je tiendrais difficilement **ma promesse**. Ah ! M. Estève , malgré moi je les hais !..... S'ils vous ressemblaient donc !.....

PROSPER.

Qu'aperçois - je....... Ma mère ! ma pauvre mère ! On lui a dit que j'étais mort , et, soutenue par ma sœur , elle a voulu aller à la rencontre du corps de son enfant. Hâtons-nous de la détromper. »

Et l'impatient jeune homme voulut s'élancer hors de la carriole. On le retint. On appela sa mère qui dans les bras de son fils recouvra ses forces, la joie et la santé.

Trois ans après cet évènement, on s'entretenait dans le bourg qu'habitait Gérard du prochain mariage de Prosper avec une des jeunes filles les plus vertueuses et les plus aisées d'un village voisin. Chacun félicitait le père, et il avait en effet raison d'être fier de l'union que son fils allait contracter. Il voulait d'abord que les noces se célébrassent avec une solennité inconnue dans le pays, mais M. Estève l'avait fait changer d'avis, en déclarant qu'il n'assisterait à la bénédiction nuptiale qu'à condition que l'argent destiné aux dépenses superflues serait distribué aux pauvres.

Au jour fixé pour la cérémonie, une heure avant le départ pour l'église, le vieux charpentier témoignait à son fils toute sa douleur :

« Il est dix heures, disait-il, M. Estève ne viendra pas ! »

PROSPER.

Il viendra, soyez-en persuadé : il m'aime trop pour ne pas se montrer à côté de moi dans un moment si solennel.

GÉRARD.

Si tout à coup il était tombé malade ?

PROSPER:

Il est bien portant, je vous l'assure, et nous le verrons bientôt. »

Cependant le père Gérard avait quelque raison de s'inquiéter : un quart-d'heure, une demi-heure, une heure s'écoulèrent, et M. Estève ne parut pas. Enfin il fallut se rendre à l'église ; le vieux charpentier y alla tristement, à regret.

« L'absence de notre bienfaiteur est un douloureux présage, pensait-il. Hélas !

plaise à Dieu que je me trompe sur le sort de mon pauvre Prosper..... »

Les époux sont au pied de l'autel, entourés de leurs nombreuses familles ; on attend le prêtre, il s'avance, il paraît, et Gérard s'est jeté à genoux, les mains jointes et les yeux pleins de larmes. Dans le ministre de Dieu, qui va bénir l'union de son enfant, il a reconnu l'homme qui depuis longtemps le comble de bienfaits, l'homme qui l'a sauvé deux fois de sa ruine, qui a arraché Prosper des bras de la mort, M. Estève enfin.....

Celui-ci parut ne pas s'apercevoir de la surprise du charpentier ; il unit les deux époux et célébra ensuite la messe avec un ineffable contentement. Quand la cérémonie fut terminée, il aborda gaiement Gérard et lui dit :

« Vous savez maintenant que je suis prêtre, resterez-vous mon ami ? »

Pour toute réponse le charpentier

philosophe se jeta aux pieds de son bien-faiteur qui était le premier vicaire de la ville voisine. Le vénérable ecclésiastique le releva, en l'embrassant tendrement ainsi que Prosper, qui lui prodiguait les noms les plus affectueux. Cette scène si douce à voir répandit la joie dans tous les cœurs, et ne contribua pas peu à entretenir une aimable gaieté pendant le festin nuptial, auquel assista M. Estève.

Quand Gérard rentra dans son bourg, il était bien changé : ce n'était plus cette espèce de philosophe esprit-fort, qui voulait tout régenter, tout gouverner à sa guise, qui s'en prenait avec une aveugle frénésie à une religion dont il n'avait jamais étudié les dogmes, et dont il n'avait jamais apprécié la divine sagesse ; ce n'était plus ce raisonneur sans logique, qui se piquait de justice et d'impartialité envers tout le monde ; mais qui se réservait de condamner en aveugle des hommes qu'il ne connaissait pas, uniquement parce qu'ils étaient revêtus des augustes fonctions du sacerdoce. Les bienfaits, dont il avait été comblé avec tant de générosité, lui dessillèrent enfin les yeux. Gérard était devenu chrétien. La grâce avait miséricordieusement poursuivi cet esprit rebelle, et il se rendait enfin à son céleste attrait. Oh ! combien les longues années qu'il avait passées dans l'oubli de Dieu et dans la haine de la religion lui furent pénibles et amères ! Lorsqu'il eut découvert les sublimes beautés de la religion, lorsqu'il eut compris l'ineffable grandeur du sacerdoce, il ne pouvait se rendre compte à lui-même de l'espèce de vertige qui, pendant si longtemps, avait troublé ses idées. Il en demandait pardon à Dieu dans toute la sincérité de son âme ; il cherchait surtout à réparer ses scandales par une conduite solidement chrétienne , joignant les bonnes paroles aux bons exemples.

« Mon plus grand malheur , disait-il souvent à son fils, c'est d'avoir peut-être enlevé la foi dans des hommes faibles et peu instruits , et que mes discours, pleins d'une orgueilleuse assurance, ont pu ébranler. Il n'est point de sacrifice que je ne me sente disposé à faire pour réparer ce mal, que je sens maintenant être le plus grand de tous les maux.

Un des moyens que Gérard crut les plus avantageux , et qui lui fut conseillé par M. Estève, fut de s'instruire à fond des vérités de la religion , de s'appliquer à saisir le plan admirable du christianisme, la profondeur de ses dogmes, la sainteté de sa morale, d'étudier surtout la vie de son divin fondateur, de méditer ses actions et ses paroles , de le suivre depuis la crèche de Béthléem , jusqu'à la croix du Calvaire, et de s'appliquer à se former sur ce divin modèle. M. Estève guidait Gérard dans cette étude; il lui faisait apercevoir tout ce qu'il y a de grand, de saint, de sublime, de miraculeux dans l'établissement du christianisme; il le conduisait jusqu'au berceau du monde, et, renouant la chaîne des ans, il lui faisait voir l'histoire de l'ancienne loi se rattachant à la nouvelle, l'annonçant par ses promesses et ses figures, en précisant l'époque et les faits les plus saillants par ses prophètes; en un mot, il lui montrait la religion chrétienne donnant seule à l'homme les véritables lumières sur son origine et sur sa fin, et éclairant de son céleste flambeau le sombre désert de sa vie.

Plus l'intelligence de Gérard s'éclairait, plus son cœur s'ouvrait aux sentiments de la foi et de la piété. Sa conduite devint irréprochable sous tous les rapports ; mais on voyait que pour réparer mieux ses torts , il s'attachait surtout à rendre aux ministres des autels le respect et les honneurs qui sont dus à leur auguste caractère.

FIN.

Lille Imp. de L. Lefort. 1847